U0142091

文學叢刊

說戲

碧果著

文史哲出版社印行

說戲　目錄

看見

伸手
推門
廳內是什麼也沒有。
只好
反身
出去。

伸手
推
門
廳內是什麼都有：
前朝的桌椅
今市的花草。

坐著
躺著
均可。
坐著
躺著

人
是不一樣的。

場內規則

所有的感官都震盪
翻攪
傾耳張目
伸手不可及
投足就是
斷崖。

轉身
已是綠葉紅花
結實纍纍
馥郁四溢

是的

我們正在運作胃部功能
請勿 開窗
請勿 啓門
因為
我們要在母親心跳的韻律中
彩繪顏之明日
顱之未來。

滴下一顆閃著光的淚

為什麼
他竟發覺了

有句話
出來、回去
心裏總是禱告似的反問著
為什麼
他每天都要走過一條腔體似的窄巷

一條
窄巷
為什麼
色澤　是

紅不紅，黑不黑的
赭黃。

為什麼
他剪手身後
仰望無雁的夜空
滴下一顆閃著光的淚　因
不冷不熱的氣溫不是暖和
而是
濕膩
和
刺癢。

哦
無夢可釀
月光只有遁入荒林
聊以自慰的

修橋鋪路去。

為什麼

形象

他坐在樹下邊
深奧、飽滿的　想
他坐在樹下邊

想
他如何等待一個未來的自己面對他
或者　是
他　當下如何面對他未來的他

他
也想著
轉身
走了的
他

和
當下
他　迎面
正走近他的
他。

喂　你在哪裏？

我在他的內裏活著
活著
看他

看他
如何坐在樹下邊
想

他。

鳥的問題

狂恣的風雨使大地狂恣的生殖
這是　交媾的日子
樹　乃哺育生靈的
乳汁。

淡白的
曉月　懸在遠遠的天上
人
拿本書
躺在樹下
把鳥聲收進來
昂頭望過去
撞過來的是院牆

橫心
默想
來生該做
鳥。
其實也沒什麼
友人說：
天空是鳥的籠子。
悲哀。

悲哀？
其實也沒什麼
該　悲。該
哀的
乃
閣下的
那付

皮

囊。
人
瞇著眼
默然的
攤開 書
似睡非睡的

醒著。

一株超現實主義的樹種

當豁然開朗的能量尚未成形
皮肉中湧現的乃黑中之黑
如果，目
不轉
睛
最終該是一朵閃光的黑之花
於深邃的腔體中，光亮就此浮現

錯誤的不是嚴冬
但　我附身根莖　傾聽
依然沒有汝的回音
驚悚的冷月已進入發情的大地
於　父輩的夜裡

有些豪氣　也有些飆狂
絕非偶然

他們面對面的坐著
與山與水面對面的坐著
與自己的山與水　面對面的坐著

錯誤乃我們生不為松為柏
而是落葉喬木的樹種
（其實
落不落葉
均很
風雅。）

當風把樹包圍籠罩時

風，是向四方捲起的
院內院外均是樹。

當風把樹包圍籠罩時
樹已擁有了承受不了的自由

院內院外均是樹
我面窗而坐。

坐在書房的我和看見的窗外的風
均可安妥的躲在我肉身之內
毫無內疚的攬鏡，或
食、或臥

風啊
昨夜悄悄的走向屋後
我卻留了些揉在詩句裡
邀約東牆下的雛菊，乃其必然

乃其必然
與我一同逛街去。
當風把樹包圍籠罩時

生命的外延與內斂

終結
他走入鏡子
且　對鏡中的他很陌生
於是
天旋
地轉。

秋天
他像一株落葉的槭樹
忍受時間的切腹之痛
背景卻為亮麗的海洋
以樹之　綠
以花之　紅

尋覓養分。

春天
他被幽美的山水懲罰著
啊　誰是觀賞者
所有的禮數由胃說出
消耗在吻中，且像纖毛蟲

他
他是走入了
鏡子。而
使其不解且喜悅的
是
他
看見了
鏡外的

鏡外的
自己。

透過迷死人的省略：想

人
有種器官
我稱之為四月天的夜晚。

我來了。
在公園一隅的樹下廊內
綻出花朵的十指
輕撫著
四月天的
燈影
盡力使自己不想你
其實，我正向大地的癢處延伸
走出矛盾之外

走出矛盾的衝突之外

人
生命中不可或缺的生機
是等待。而
那老漢
蹲在門廊前
端碗玉米粥，羊角蔥夾在指間
左手捲張千層餅
瞪眼望著天。望著雲

他
活剝生吞的想：

異形梯子

面牆而立
看見
一張　　梯子
依著
屋簷
斜斜的
戳在那裏。是空的
斜斜的一張空梯子
依著屋簷，戳在那裏
之後
有人往上　　攀。

攀成
春
夏
秋
冬的
模樣。
梯子
真的
是
斜斜的
空在
那裏。

唔
早已不能自外於梯體與自身了
而蕎麥田是蕎麥田
而狗尾草是狗尾草

河　也依然是　河
井　也依然是　井
他　卻精緻而高雅的活著
活著

活成了
那張　梯子
已然活為
一棵
花果
繁茂的
樹了。

此刻
他
始才
知曉，

人
為何
把自己
也能
蛻變
為

梯子

對鳥說

我以我之語言言語
汝以汝之言語

當下
忽略
如何歸類
之
魚言
蝶語。應是
我乃我的我或你　或誰
你乃你的你或他　或誰
魚言
蝶語

之
如何歸類
哦　吾乃
七椏八椏的
披髮
疾走的
椿樹
一株。而
風過後
掌聲自河之左右
樓之前後　響起

晨雨偶拾

（何必放在心上。）

挑逗
味蕾的
是
豪奢的星空
喧聲如潮　乃來自屋外由遠而近的街巷

那人
一張充血的臉膛
氣喘噓噓
端的驚惶
那人
正樓上樓下的

奔跑
在搬運
組成自己的各個器官
而後

覓地
掩埋
卻成為壓發式的
一枚枚的
地雷。

啊　場景
乃春暖花開
遠　有山
近　有水。

（何必放在心上。）

他家住在丁字路口上

字形的橫，向東西
勾勾向北拉上去
眩惑，驚奇

他向東走出去
路口有棵樹

他向西走出去
路口有棵樹
阻著。

那就向勾勾上走
心醉神迷的所在

看雲去
至於折返，能與不能
無法推算

啊
何時夜空燦然星墜
何時他躺下身子與丁字混為一體了
且把盛腦的顱、眨眼的顏面
置留在床上
浸在淚裏

噻
真不如走出丁字
看海去。

向自己內裏挖掘的人

為了
酒與
蜜的
尋　索
向空裏挖
掘
成
空之東，乃東之空
不見東。
我卻血沸為　火
向空裏挖

掘
成
空之西，乃西之空
不見西。
我卻氣燃為　水

啊
挖掘
不見
門
不見
窗

更不見
肉身的
自己。

不說

遙不可及
東南西北已是我們的四壁
一層層的擴及四方
層層有髮絲飄揚　纏繞
層層有血的噴湧　淌流
一層層的擴及四方
擬設門窗
於東西南北的
春
夏
秋
冬的
四壁。因

你我他和你之你和
我之他之你和我之你之他
恆常的站在風裏
就站成了一座顏容俊秀的
「○○」！

門的見證

他把聲音駐留在金屬之內
炫耀

上邊
有落體墜下
我乃一聲劈開大氣的閃電
藉風勢而交談
仿學琴弓拉送，急促、輕緩
按摩始終寬慰你我而受創的
大地。

你我是站在院子裡　　看
看
他

。
急促
輕緩的
仿學
琴弓的
拉
送
。

蠶的自傳式

在長街的彎角
驚晤
一堆
被　抽絲煮過的
蛹
屍。
（在長街上　　也許
是一個撐黑傘的人踽踽而行
消失在彎角的地方）
而
捷運站內

是
蠶
一群
正在吐絲成
繭。

（是一個撐黑傘的人踽踽而行
在長街上　也許
消失在彎角的地方）

啊
圖書館內在膨脹
是
因
一群
爭議不休的
穿鞋戴帽子的

議題
蠶。
吞食
紅花
綠葉

（在長街上　也許
是一個撐黑傘的人踽踽而行
消失在彎角的地方）

長夜
之後
屍蛹
腐爛為
濃血
和
痰

依然是滾成一個球體
升
起
來。

（消失在彎角的地方
是一個撐黑傘的人踽踽而行
在長街上　　也許）

魚的誕生

不管偶然或必然
獨釣寒江雪的那人
想在身後留下點什麼
因　雪覆蓋了一切
終究他把身體在雪裏溶入

昂首
即是　春
夜半推窗
獨釣南牆一樹梨花的
白。
他自認已佔有了自己的獨釣

在荷香四溢的日午的肉體中
下墜著雙乳與臀股的秋天來了
而他的衣角卻被高空斜飛的
一聲
雁唳
掀起。

——什麼？

我啊　我正在四季之外
走出心中那道無形之門
獨釣
一尾生羽長鱗的
自己。

把自己超越在詩中

在淚之前
是多麼高雅的舉止
戴上墨藍的眼鏡
在淚之前

他把自己轉化為一朵鮮花的質素
走出她溢出乳汁的雙乳　因
風追捕自己而成為　風
我們就是那風的樣相
捕食流質的自己

僅只是這樣
我們應知道自己的重量

是以一屋子的眼睛轉動著
一屋的耳朵的聽覺擴張著
真的　是有鳥　飛過
我們應知道自己的重量
僅只是這樣

像風串過秋天的林子
走出去
就一切清楚明白了

像風串過秋天的林子
在發黃的長卷裏必有果實墜落的景象
把自己超越在詩之中
熄滅胃的反面意義。

蟬的語錄

今夜我跪在燈下
抄錄你我的昨日
我們不再做被寵壞了的孩子

冬天他們在屋裏說著話
而秋天和春天卻在屋外等待著
等待如何秘密的去妝扮自己
讓失落的美好在一株杏樹上開花結果
使遁出酒甕的風　吟紅楓那漢子

夏天
卻被他們撕咬成荷的容顏
吸引住我的是那杯清涼的茶

映入杯中的是你婉約的倩影
因你我曾倚坐在池邊
小憩在雙人木椅上
那已是一池荷的午後了
而

蟬？
蟬在那裏？

春天的記事

在光度刺目的
敬畏的場域
如　煤層般的
燃　湧。
河水中飄散著
一股
香甜的氣味　乃
來自活力充沛的
鎖
與
鑰匙的
肢體。
敘述雨後的感覺　乃
雲的

行為。因
受承愛的禮讚　乃
滿園造蜜的玫瑰在盛開
你我正走出虹的斷面
彩繪自己的顱顏
持續享有這私屬春天的香甜

香甜。乃
品嚐
瀏亮的
陽光
與
你我
絕美的
奪眶而出的
淚滴。

恒在心中的看視

你的名字閃光在一樹繁花之上
流瀉繞來的芬芳，卻是溫熱的
記憶裡所呈現的是你我的四季

四季
曾經把你我經驗的
且　精緻的切片
為　春。
而後
聆聽河的吟唱。而後
轉化為
一對翠鳥的

時空。
守著　夢。寢成
風。執著心中恒在的
看視。

養鳥的

籠中
是一灘抽離靈質的
血。

那血
在汝們的體內
煞是自傲的
靈動著
笑容可掬的
昂首。
昂首。

養鳥的
在籠中
已
把如蕾的自己綻開
開
為
今晨的
啁啾。

詩的居所

我在我的體內尋覓真正的自己
如居所前面的那棵椿樹
醒在春天的空氣中，凝視
乃　一方受驚了的天空
滿盈的是鳥飛中的翅翼
是潮來潮去的方向

神佛啊
我是如此的貼近你
神佛啊
應是我前生的舊識
今生來經驗蜜與酒意旨的結論
左右均是麥穀與花果

河流與蟲鳥的合鳴
嘗食童話般的甘美與純化

純化
使自己在追隨與膜拜中
勾勒
你的
美與愛。

存在主義與魚

有鳥斜斜，橫空而過
鼲顏原地竄動
所發出的聲息竟是
說圓亦方
說方亦圓的
一面
巨鏡。
映入
春的時間
結局使然　乃
有鳥斜斜，橫空而過
鼲顏原地竄動
注定

巨鏡
一面
說方亦圓說圓亦方的。
念頭驚起
竟是：
一尾可能不被抽象的　魚
體膚完好的
優游而去。

春　想

草莓由盆栽中青翠的葉片想
所有綺念均有春天作陪

人體石像上的各部器官光滑可鑒
浮現著歷史的顏容
如雷的呼吸在廣場上饕餮
春回應著走入我們的體內
枝椏上冒出了紫芽兒
因　關鍵在於大地就是你我的母體

是以　　我們心跳
是以　　脫鱗去尾
樹枝相攀著樹枝

而禪意的陽光乃其有力的必要
黑色的幕不再垂吊
享有舔的質感

幸好如此
不再疲乏。之後
雙蝶飛舞而成　　禪。
所有綺念均有春天作陪
草莓由盆栽中青翠的葉片　　想：

人形樹

他　淺笑不語
卻惹人摒息注目
因　他伸手向天，若　樹
四向舒展的枝葉，覓偶為　鹽。
顱為花果，足為根鬚
其枝葉置位於手，於髮、耳
而為封閉的身軀，鑿啓生滿嫩芽的
門窗，乃
其　眼與鼻

舞台乃大廳的造設
靜謐的佇立其中
他　依然淺笑不語

俄而，日暮
始見自己溶入壁間的山和水
神祇般碇落在一滴奪眶而下的淚珠裡
悲傷欲絕的
擁詩
入夢。
出
夢。

秋末的我有些瘦

是我之私屬的投注
一朵淡白色的薔薇

窗　以親蜜而持久的恆啓　　向你
毫無時限，只有珍愛
而你歸與不歸，我絕不允許
煙升
而霧而嵐。因
你的姿影終日在我心中複製
複製再複製
之後
我趨前行入的
依是綻放在面前的

那朵搖曳的
淡白色的　薔薇

啊
在秋末的一雙黑瞳內
以月光與夜露所釀成的
夢
一
樣

翅的語句

街衢上是蟻行的機車
左右穿梭成為市體的免疫血流
啊　身處無法也無需隔絕的黃色中

行過街角的是兩個吸菸捲兒的老人
矮凳上坐著的在飲茶
婷立身後的少女在張望
門內有位赤膊端碗吃羹的男子

路燈閃了一閃
對街的兩婦人在閒話
像兩對敏感觸鬚
快捷的沒入在燈影裡

而無數相對的窗口，卻如相互召喚的眸子
那愛與不愛的信號在眉間
傳遞著輪下猝逝的喇叭聲
疼的是臃腫的巷衖與街衢
眉間仍是愛與不愛的信號

奈何
你我卻被那屬於私我的殼囚禁著

春天與海的故事

手勢
掩向眾顱
雨　已成形。因
那人

握執一巨大的音韻
私處時觸撫於床笫
燃為春的火種
使日光宣泄於山林、湖泊、田畝
掌聲就從廣場上響起，若風
聚攏，就響成菌雲狀的聲音，高聳入雲
而　金光眩目中
是你　已異化自己為　　海

傾聽在浪嘯裡
因
芳顏滿樹。因
那人
肉體內正運行著多彩的時空
眠入
春夜。

驚晤

風兒在矮牆內外躥動
花香如河流，湧浮成風兒的手指
我知道為何把心鏤刻你的姿容
因　石砌的廊內陽光滲合了芬芳
噢　一樹初放而未放的淺紫小花

驟然，我已幻化為風兒的手指
惶惶惑惑擴散不見了

而後　是個有月芽兒的早晨
又見跪在淚中看見自己的那人
跪在淚中　如風兒的手指

時間

庭中的紅花樹正在盛綻紅花
在你我心的位置面會
孤獨不再，無助與不安不再
庭中的紅花樹正在盛綻紅花

啊　一匹
乃來無頭去無尾　統體
晴光閃閃的　無形之形
你我就誕生在它的體內
呼與吸皆為順暢
泳游自如
而在醒與睡的內外，它竟細縛
我們的土地。細縛我們的四季

肉身，和
空白。猶是
我們論斷
聚集我們的腳印匯成翅的動力
向著四方引發
喈　就在這僅有的一間屋子裡　　　飛。
在你我心的位置面會
庭中的紅花樹正在盛綻紅花

人境之菊

一九九六，秋，某日
夢　在一朵正綻放中的菊花裏活著
繼而感覺為液狀的我
僅只是為了餵飽靈魂
啊　愛人同志　你與門窗也開始液狀般的
液狀般的飄移、糾扭了
因　我們均是趕路的旅人

也許　就是為覓尋一種看視
你我始終俯臥夜與晝之間
雙睛向夜探巡
而由足迫至腰間的已是晝了
實無法說出那是出口和入口

因　我們均是趕路的旅人

噢　房間內的燈未關熄
還在亮著它的　光
是繩索的橫蠻。更是
瘡的呼喚

因　我們均是趕路的旅人
愛人同志啊，你我的一生
是該
像　一株
菊。

無色的現象學

思念　是一尾裸入秋風的魚
在見與不見中游來游去
家　是漂著落葉的山溪
山溪透浮出雰霧的光
光　在鳳蝶的藍翼上翩翩閃炸
感覺　由流質般的脆薄中抽芽

紅赭色的人群呵
在一列黑色的列車裡解讀鹽的位置
之後　依然是自己把自己排泄出來
成為　繩狀體
伸進
時間的

裂罅

一尾裸入秋風的　魚
思念　在見與不見中
游來　游
去。

哲學魚

岸上桃李吐蕊
醺然的河水晃盪出一聲聲輕喟
一滴清淚經千年而化蛇
這該是一則精妙風流的異誌
摩天之樓有星握在手中
手在火中
火在火中　造愛

腹內有　飛的群翅
白颸颸的在佈滿格言的陽光裏竄動
仰首窗外猶似枝椏上嫩芽
把適來的鐘聲削為五色薄片
傾入歲月的巨口

徐風已是幽默的角色了
舞台上僅留你我的眼耳鼻口與手足
殘月中天，是預知的照明
聯想出現在必經的線裝書冊
美感在自我解禁了的晚膳之後
春天就已在被關注的妙喻中游為
裸魚
兩尾。
這該是一則精妙風流的異誌
岸上桃李吐蕊

（同志，何來爭議情境——）

球體再認論

在一面傾斜不甚方正的場域內
我已感知肉體與靈魂的容積　乃
此刻時間如亂髮般漂浮　漏失
且喋喋著什麼

且腐味羅列著腐味
它　確定了很多很多被詭譎了的事件
像癱瘓在牆角的
濕濕的泛神化的
一口　濃痰
無門窗。無氧。
啊　盡數的族類無顱
無顱的族類盡數可供花道的器皿

美學家說：
「四肢依然靈活。」
在一面傾斜不甚方正的場域內
乃
一 口 濃 痰

悟及

纖柔的輕咳之後
汝就是春天的樣相
有眼　以虹以嫩芽
有鼻　以花香
有耳　以鳥的啁啾

屋外是繁茂的綠林子
有髮與四肢體膚　以河流與田畝
啊　纖柔的一聲輕咳之後
不只是　風　霜　雨　雪
汝的胃與大地均被鋸齒食過

僅僅是
纖柔的一聲輕咳之後

感性體操

一幅金色的圖景，是絕對的單一
香氣瀰漫在一方脂玉的田畝上
自鳴的鐘聲如青煙裊裊的響起
血肉裡透出任意布施的月光
因　枝葉繁茂，花果纍纍

因　你我已舞出佛性的水體
依從筋脈客觀明辨春的方位
因　你我已類化為　魚
而河之體彷彿正接觸峭立的岩壁追問
在無法掙脫反覺甜美的等待裡
斜刺刺的有隻白鳥漂飛著
向魅惑半生的化空極處的深藍

去小小的市集買則千年蜜浸的綺夢

入眠。

籌謀翌日爛漫的生與死。

鏡的自辯錄

因左右均居住在鏡子裏
一種興奮的喊叫聲豎立在草原上
激射為矛與矢的陽光
我就把身體投給一條至美的小河
春的惶惑與慌亂已握著你我的手
呼喚你我的乳名

舉目
整個草原腫脹為你我的身軀
仰臥著。

遠方
有一匹灰色的　狼

似乎是　以翅
疾行。

結局是他一步闖進廳中
始發現自己早已陳屍在椅上
一串悅耳的鳥啼縈繞
因左右始終把時間貯藏在一面鏡中
因胡桃樹下駐足的你在我心中已呈珊瑚的淺紅色
走
午餐，吃羊肉湯包去。

甘橘事件

某日
閒步街衢
並非
一枚甘橘恣意把我併入
而是　我正出入一枚甘橘之中
並非
沈溺在黑暗與混沓的內裡
而是　醒著尋覓。因
我之坐臥已瀕臨一方炙灼之境
仿同瘟疫，且沈甸甸的果實纍纍
河水透出風的香甜
小花豹　我的愛
此刻我的面向　該是

火的劇種。　該是
你。
並非
一枚甘橘恣意把我併入
而是　我正出入一枚甘橘之中
啊　我呵
該是　一枚多汁
釀夢的
甘橘。

實有的空間

黏濕沾著河的體膚
橋身弓著，來杯冰茶最好

放浪的異鄉人如　　雪
依劇情訂定我們的　位置
乃空白舞台的左上方
或者：

？

請勿驚惶失措
而應誇張自我的頭、手及
胃肺、眼耳、口鼻
為的是把舞台填充盈溢
因無法答覆的是面對

抓住扶手，停止浮沉和下滑
昂首仰視，也僅僅見樹見山見水
四季在我們冥思的心中運走
再自柔軟的黑裏吐出
恰似一隻貓兒以股側貼緊主人褲管
啄木鳥依然剝剝啄食驚悚的蟲
柱光燈下佇立的正是你和我

以及
滿眼
生香的
星期一。

異質的鳥聲

以鳥聲作餡把春夏秋冬的姿容包進去和著雪花
下鍋而後佐酒入口咀嚼成使筋疲力竭的土地智
慧的開滿向日葵的花朵而後人們擠出喧鬧的屋
宇朝向受孕的東方奔去攤開雙臂擁一懷有益體
膚的陽光
把那串隔夜的鳥聲逼出體外
（唔，昨晚吃的原是韭菜豬肉餡的水餃呵。）

行色匆匆

走過去是一個逗點走過來又是一個逗點
那位句號是在面前抑或是背後沒有誰願
意回答只有激情的發電廠昂然站在街口
而竟像隻鳥

在飛中不動

哈哈，哈哈哈

我是劈風而行的風，風是透體而過的我。如是
魚如是。樹如是。椅如是。雲如是。
我是風的我，也是風的我的風。如是

哈哈
禿頭女高音　哈哈
因立於風中的我已成為風，風我而行的風是我
透體而過的我是風
（其實一加一等於一或者是三，似乎比等於二
更為甜美。絢燦。優雅。）
禿頭女高音　哈哈

哈哈哈

月　亮

春夏秋冬鼓點般的尾在背後
帶紅臂箍的幾位大娘排著隊搖搖擺擺的走出來
上下左右踩著紫華色的大地走在天空裏
二大爺手提了二斤五花肉，雪在飄風在吼，他
在心中喃喃著今年冬天怎麼不冷呵怎麼不冷，
單親的孫子胖嘟嘟的跟著嚷嚷昨兒格夜裏我沒
尿床，倒做了個夢兒夢到自格兒飛在空中可抓
鳥兒和月亮

那隊大娘短髮灰衣裳，走出胡同來到大街上，
是像鼓點兒也像串鈕扣兒碇在她們該釘的地方
想

鼓點兒來自商
鈕扣兒它難道說是來自周

說　河

站在岸上我們望著高傲的一條奔騰放蕩的汝
一條枯涸已久的汝依然高傲的奔騰放蕩的望著
望著我們。對岸是誘人的蔗田，因信誓旦旦的
風以柔柔的纖指糾結我們的髮絲

咻咻的。

咻咻的驀然雨斜因
不敵的我們已傾陷在汝的恩惠中虛假自欺的
已易位為一條疲萎的汝在風的柔柔裏
扮演樹的立姿

戲夜

僅只是為了捉一頭牛的情調。

劉老二倚老賣老的站在屋外說倚老賣老的夜
是條黑大漢春雨落過之後新鮮的土壤投在夜
的懷裏如同東村的大嫚兒羞怯後嬌嬈了起來

那情調僅只是為了捉一頭驚後撒野的牛

劉老二倚老賣老的女人獨坐在屋內像陣風
似的一夜未眠持續的陷於極端混亂之中
太陽始露出臉來說倚老賣老的劉老二不是東西

僅只是為了捉一頭牛的情調。

六月

優哉遊哉的綠張狂得有些叛逆
叛逆為滿屋子或坐或立或走動著激辯的
梧桐，而後開花而後結果而後
兩個有說有笑的玉蜀黍實裸在床上
有說有笑的籌謀今冬如何度過

是的，優哉遊哉的綠張狂得有些叛逆
叛逆為六月事故
蟬之正傳有此闡述

鏡　變

奈何屋外是風雪漫天

鄰家姥姥穿戴潔淨正襟端坐在鏡前
看鏡中已裸成少女時期的自己像朵盛綻的
玫瑰有蜂有蝶的翔繞著

不知何時鄰家姥姥竟在鏡的內外狂躁的衝進衝
出的尋覓不見了的自己。而
那株落盡葉子的棗樹的那個男人正雙目閃光的
佇立在她正襟端坐的背後暗處
總是在春天來臨之前他都會拚命滌洗自己森白
的牙。為什麼？為什麼？鄰家姥姥不停的追問自己。

屋外依是漫天風雪。奈何

痾

他停滯不前的笑容乃屋前的那棵棗樹
當依約而臨的果實都紅成假性的雀鳥
簷鈴在風中的叮噹裏午寐。
晚膳時，他的笑容和著妻的咕噥碎落在一尾魚
骸之隙的空白裏又蛻為他另一停滯不前的笑容

也許那應該是他的眠床，也許
我們只能把手一攤。不然，我們總不能摑他一
計右邊的耳光再摑他一計左邊的耳光。除非
夜，霍然陷為一聲沉濁的咳嗽

（老奶奶的眼神裏就是這樣說著。）

夜歸

獨自走入小巷
如風在谷中奔馳
小巷就像一頭灰白的髮絲中分
此刻空間是曖昧的無奈
兩側是演技一流的矮牆
使跫音險惡而神秘的尾在背後

唔
只有巷底的一窗燈火
訴説老妻在廳內正溫了一壺花雕

菊的午後和午後的菊

午後有雨　雨中有傘
傘下是兩顆織夢的心
心是
一株栽在枕間名喚滿天星的
菊。

魅人的雨景

失和後的一對夫妻
如一幀寫真雕像坐在早餐席間
在自署為蟻的議論上對視
因窗外有雨

之後
且忙不迭的把床第上的風披露
成為翠色的山和水

門

紅黃藍白黑，春夏秋冬
張三李四王二麻子，東西南北
幌子輝煌成二、五、八萬似的
喏，好一張俊秀的臉兒
干我何事

汝最好去問魚

群樹

汝們舞動著一篷篷亂髮
狠狠的只留下一些張望
因　那人已把名字寫在風裏
直到春來冬去
我悄悄推開屋中的門窗
在壁鐘下一圈圈畫出汝們的歲月
如一面面鼓與鏡的形象

偶想

濕濕冷冷的風雨起自我的四週
而在夜與畫的外邊
是一尾魚與百合花的料理演出
我正暗嘆昔日未學劍
因為巷口的理髮店今日開張
老闆巧由門內飛出一口痰

白鳥

一道亮藍的天空　如
夢中的我走進汝亮藍的內裏
榮耀的尊貴的完成汝的飛行
雖然我沒有翅膀
在黑壓壓的人群之中
我已歸屬於汝們的族類

同赴春的盛宴

觀橋自得

兩岸風景使我橫臥
不過我要站在一端　看
另一端走來的自己
如何發現河中的我
加加減減共有幾個

管它什麼日升月落
反正我已來此橫臥

變形樹的變形人

有人說那是葉子。不，那該是樹的眼睛
有人說那不該是眼睛，那應該叫做葉子
最重要的是
那人
說
他的眼睛就是樹的葉子
所以
樹的葉子
應該叫做樹的眼睛

也許
就是因為如此　那人
坐成焚燒之後的一個逗點

四肢扭曲的頭顱扭曲的
把雙手緊緊的抱在胸前
看
雲
的
如何被差遣為也許。
也許

不是。
葉子和眼睛的問題。也許
就是葉子也許就是眼睛。不是
也許

走在路上如飛一般的
雲的
我們　也許
雲的

也許
我們只是葉子的眼睛只是眼睛的葉子
飛
飛
飛成飛
成
眼睛
和
葉子。
不是臣服
也非幻滅　乃
非表現、非寫實、非野獸主義的一灘血與膿
滋生出一具具的
一具具的月亮和船長
的邂逅的
腐肢

炸綻出
夢
的花朵。
晶藍晶藍的
魚的
我們的
透紅透紅的
臉頰
也許不
是也許。

最重要是
那人
說
也許

也許

成為

也許

。

也許

瞬間產物

——致電腦病毒先生箋

殺死夢殺死那些哭聲殺死與雲婚媾的
把樹加進來他就是曾經做過黑與紅交感過的意識
，他
在那裏？
？

空
茫。空茫的　空
茫的
街道兩旁乃
有鼻口、有眼耳、有手足、有心肺

的房子
的樹
的鳥
的
與之生情的乃原有的
荷的
面貌。乃

異曲
一首
不經觸及的
已然的
走進
的一尾
頭頂低沿帽的男子
或
女子的

客體的
椅的
7 8 6 5 3 4 1 2 9 0 8 6 7 4 5

2

1

3
的。乃

C–Brain的（怪胎）　乃

光。

乃

按：C–Brain爲第一代的電腦病毒的名字。

風 景㈠

千萬
人
幌動
成山成河般的
波
浪。且
一如
波浪
把 人的
頭骨
撬開
使 洶湧的

潮聲
荻花般的
颺
起。且
眼睛般的
躍入
一幅
火燃之前的
哭泣之外的
（
）
有人
在遠方
靜
止。成
飛。

風 景(二)

群樹
移動著
因 覓尋處身處所
請適切的語字賜予我們的唇
在陽光的閃爍下
面著風
的厚如大地
的迷人的記憶
隱沒
入夜

驟然
空爆

誕生
在眾口之中
(活
跳的
空爆。)

噢
群
樹
已
成

蔭。

廣場·一九九九，之後

轉了縱橫幾道街衢
向東之南的方向
浮動的竟是人的臉眼
形似一張巨口
黑色無垠的　一方虛擬的

海。升則為星，降則成淵
升則為火，降則為冰
一方
虛擬的
海。開始了成波成浪成濤的
浮動。黑色無垠的　無垠
形似一張巨口　無垠

轉了縱橫幾道街衢
向東之南的方位

是忤犯的交纏
是韌性的體化

冬？
與
春？

？

無題

之前
喧嘩的聽不清說些什麼
嗡嗡的像刮風似的
感覺就是有種聲音喃喃在聲音中
而忙碌的我們均構設自己為火
為火之翅膀，高高的
擎起來。擎出額的高度
奔跑。向前拚命的

奔
跑
嘿
想飛，就這樣想飛

在寢與食的位置
門與階的位置
廣場的熾狂的哀傷的喜悅的風和雨的
位置。眼與耳的位置。想飛
的位置。翅膀的位置
飛　開始了　飛。
而　飛成二〇〇〇年的第一道曙光
或者：

感覺

——致現代都市人書

冷

白的

一朵

花

乃

聲音

燃燒的

溢

流

出來。乃

一朵
花
的

冷

白。
︵
燃燒
的
︶
其蕊
一如
穀物
肢體擁抱著肢體的
我們
沒有分開

只有距離

冷白的一朵花　乃
一巨大無朋的
口器
咀嚼
火的
頭顱
火一般的
唱成
花
爆綻
的　一朵

冷

白。（而
空氣
已
凝
結
成
塊。）

茶樓食過我們食過茶樓

我們一勺一勺的食著
如面前的那碗粥
那碗粥在我們的面前
整座茶樓之內
就像那碗粥
我們一勺一勺的食著
那碗粥
也一勺一勺的食著我們
我們就是認識那碗粥
認識那座茶樓
茶樓也同樣的認識我們　因

場景　由始至終
時空彷彿停滯在一場戰爭中
初期　抑或末期的
爭搶的
錯愕的
如一群折翼的雀鳥
瞽著雙睛的那種姿勢　是以
整座茶樓之內
就像那碗粥
而　食客
一具具的都異化為雙面人
前後不分的
一面是　喜悅。一面
是　憂愁。因
所有的眼睛都走動著
成為繩索
串繫所有的　面孔

（分不出是喜是憂的）
如面前的那碗粥
我們一勺一勺的食著
如面前的那碗粥
乃

整座茶樓的模樣

香江街頭的流浪漢
——香江紀遊

在街在樓的腋下
蜷臥著一塊黑陶時代的黑陶
汝來自胡的門第　抑或
張乃汝的姓氏

噢　月升日落與汝何干
麵包和水薑花，僅只是
浮在汝的夢裏，咬著
風和雨的雙手，而
昨夜的風雨則以
利刃，將汝與歲月雕成
一朵啾啾發聲的

玫瑰，陳列給喜愛視聽的
大地。
胡與張均不是汝的姓氏
蝶舞的眾眸依然蝶舞
在人的潮湧裏
汝依然
如時間在鐘錶的體内
律動的説著
説著：
汝　默默的
默默的
説著
説著：

如此立論的法國鬼妹

——香江紀遊

山
水
之外
在
山
水。乃

山水在山水之外
法國鬼妹就是如此立論的。

（岸花
飛

送
客。）註一
有岸自有　舟
有舟自有　岸
（歸房
逐
水
流。）註二

其實這只不過是剛剛才發生過的事
左右經過洗禮之後
黑色的內涵仍執著的無限擴充為　黑

廚師何在？
汝就是被火炒出來的一盤十四行
因非　經典
無需　同情。

法國鬼妹就是如此立論的。

註一：杜甫詩句。
註二：王維詩句。

傳說

——故鄉印象：回到出生的地方

風在傳說中
臥成睡姿的疊景
因時間不息的將我們已吞食成一株樹的赤裸
尋尋覓覓的
在一個巨形的足印裏
自言自語的
在山水的內外
被點燃的
不再是
風的
傳說。乃

傳說
在風中
玫瑰在風中
我們在風中
坐在那裏
慶典般的
聆聽
麥子們的
嘩笑。乃
一彎白月自窗外　橫空
迤邐　在您的額上已化為我們體內的
一枚火紅的
星體

（而風的傳說不再。）

我走在津永公路的身上

兩行白楊站在我們左右
唰唰的　千萬人的腳步向前邁進著
在綻滿黃色葵花的田裏
風是這樣說的　雨也是這樣說的
路　乃我們的脊樑

彎下去吧
把你我的身子彎下去
風說　雨也說
用力的踩著你我的脊樑
風是這樣說的　雨也是這樣說的
在綻滿黃色葵花的田裏
路　就在你和我的面前

兩行白楊站立在我們的左右
（其實　唰唰的腳步　乃
愛和孤獨都在默默的啃嚙著我們）

一冊詩集的封面

——寫給老家母親的詩之一

樹上是星空
屋前獨坐如菊的
是我年邁的母親　因
向鏡中呼喚河水的名字
雙睛忙於往返心室
因　路遙而疲睏
一臉思念如網
因　遠遊子未歸
啊　魚如星
星如燈　因
月空已梢來水聲　因

我將由門的傳說裏
不慌不忙的
把滿腹的碎玻璃碴子成篷狀的
因　嘔吐而噴射
展放為
一樹
艷紅艷紅的
桃花。

紫色葡萄的傳奇

時間是在髮飛出眼眸的剎那
迎面一巨大無朋的球體滾動著而來
吶喊坐在睡中
醒成一朵蓮之綻放
演出一座座龐然的鋼架　之後
有歌絲絲縷縷的起自母體
春風春雨般的　乃
窗外藍藍的天空
飛成白色的鳥

鳥之左右是山
山之前後是水
在山水之中　我們均已成為詩模樣的一粒粒紫色的葡萄

走著
不息的
鼓點似的
一粒粒的
紫色的
葡萄。

此刻　我們只有
同生同滅
以我們的整體去擁抱
投入那一巨大無朋的球體向前滾動
之後
音樂般的
舞動著
四肢
醒成一朵蓮之綻放

啊　千萬萬人邁出的一個赭色的大腳印
之後
我們在龍的
造像中
永存

我們是被孵育著的一個卵

——獨幕詩劇

舞臺：鏡框式
燈光：紫色
佈景：交錯的橫懸著一些白色的布帶子，以示爲路
音樂：噪音（使人難以消受的）
時間：古今
地點：中外
人物：人，男女均可，四五十歲

（幕啓）

人：（走著。他發現——
（他走在路上
他的右邊是路

他走在路上
他的左邊是路
他走在路上
他的前邊是路
他走在路上
他的後邊是路
他走在路上
他的四周都是路

（他癡呆的立了很久
想著
突然他憤怒的咆哮了起來：

他奶奶的，俺就是一條路

幕落。全劇終。

野菊花知道自己就是野菊花

初醒的　飛
賄賂一尾巨咀無翅的
門　都是喜愛開了又關
關了又開的
（每次我想飛的時刻，總是躺在床上。）乃
東南西北　乃
張王李趙的　且
小心翼翼的
翻閱自己為窗外的
藍天。轉身
驚見
一具無頭的
背影

（每次我想飛的時刻，總是躺在床上。）因
那池喧嘩的　魚
均已四散為糖的
無數朵無數朵遠射的

野菊花

野菊花。

原來如此

——本詩劇為一齣一景四場之獨幕劇

第一場

（燈光漸明。淡入。）

（鏡框似的舞臺空蕩蕩的，墨綠色或暗紫色的舞臺中央，靜靜的趺坐著一個人。

僅僅是趺坐著一個人。）

（他穿著寬鬆的灰色衣服，其式樣近似袈裟。）

人：（緩緩的轉動著亂髮鬅鬙的頭顱尋覓著什麼似的，審視著四周。）

（他語字清晰的自語）

四處什麼也沒有。

（然後，他依然是緩緩緩緩的轉動著那棵鬅鬙滿頭亂髮

的頭顱，小心翼翼的，愼密的審視著四周。）（漸漸的，他顯出心灰意冷的神情，半晌，他頗感意外的，又自語著）

四處竟什麼也沒有呵！

（而後，他依然是靜靜的趺坐，一絲動意也沒有，久久的——）

——燈光漸暗。（淡出）。第一場終。——

第二場

（燈光漸明。淡入。——）

（他依然是孤獨的趺坐在原處。）

人：（頗感意外似的自語）

四處竟什麼也沒有！

竟什麼也沒有？

什麼也沒有。

（他開始痛苦的扭曲著身體）

什麼也沒有呵！

（他極力想由痛苦中掙扎著鎮靜下來。久久，他終於掙脫了痛苦。且緩緩的轉動頭顱審視著四周。）

（突然，他頹喪的嘶啞的說）

四處什麼也沒有呵。

（他依然是憂鬱，無奈的審視著他的四周。）

——燈光漸暗。（淡出）。第二場終。——

第三場

燈光漸明。（淡入）

人：（依然是趺坐在原處）

（他繼續的審視著他的四周，當然，他瞪視著正前方，似有所獲而心悅的喊叫著）

我找到了！

啊，我終於找到了！

（他心喜若狂的站了起來，手舞足蹈的雀躍著，圍繞著他趺坐的原處，旋轉著，舞著，叫著）

我找到了。

我終於找到了呵！

我找到了呵！

我終於找到了呵！

（聲音漸啞漸弱……）

我找到了。
我終於找到了！
我找到了。
（旋轉的圈子，越轉越大……）
（——此時，使觀眾處在這單調的聲音中而產生一種頗爲嚴肅而虔誠的感覺。——）
——燈光漸暗。（淡出）。第三場終。

第四場

——燈光漸明。（淡入）
（舞臺中央就在原來那人趺坐的位置，虛架著人的那套衣服。——使觀眾覺得就是那人的幻象）
人：（赤裸身體上）（走至舞臺中央，突然發現那虛架的衣服，即狂喜的奔過去）（他面對著衣服顯露出一種崇敬的神情，旋繞著轉了一圈，微笑的審視著它。那神情是莊嚴而肅穆的……）

（他默默的自語）

我終於找到了！

（迅然隱入衣服之內去）

（他滿足而興奮的將衣服穿著起來，而後，他情不自禁的發出一聲快慰的驚嘆聲——）

啊——

——燈光漸暗。（淡出）。全劇終。

物慾橫流

一、物慾

春天
桃色的水流
像一隻彩翼翩翩的 蝶
投入一陣父性的 風
在窄長殷紅食道的空間內
通過

之後
就是一座
男男女女或男女女男
同體的

五色繽紛的
橋。

二、橫流

遁離
窄長殷紅食道的空間
管它水向順逆
在一面
光潔無塵的大鏡中
瘋瘋
癲癲的
或
沉靜穩健的
出出
進進。或
進進

出出。

這樣已是秋天了。

三、物慾橫流

其實
今世
生為人
花綻花榭

但
來世
我卻願
生為
一尾
魚。

杏花饅頭

——詩的分鏡頭電影書齋腳本

一陣透明的風起自初誕的嬰眸
杏花綻裂出一樹春的姿儀
我的肢體已是妍麗的大地
（·二姑爺手拎一袋嗆麵饅頭
像執行受孕的一道陽光）
（·古典的二姑姑
她把自己妝扮成一樹盛開的杏花
在廳內
幽雅的端坐在落地窗前）
昨夜月明如洗

啊　我的魂靈是嫩黃的芽兒　和
一對如紗的小翅
河水昂首在枝椏間
逆游為一頭獨木之舟

（·仙質的二姑姑患有心疼的痼疾
因　她不甘把發了霉的饅頭皮剝去）

啊　你柔柔的髮絡
乃陽光下飄浮的金絲細雨
營釀你為虹的母體

（·翌日　早膳
二姑姑正忙不迭的
一口饅頭一口杏花的咀嚼著）
（·像執行受孕的一道陽光
二姑爺：

春天這個名詞
就是從那個時辰
開始而落藉的。）

我的肢體已是妍麗的大地
杏花綻裂出一樹春的姿儀
一陣透明的風起自初誕的嬰眸

是這樣的

把所有的門窗都敞開
他走在林中
卻依然虛擬自己坐在廳中的椅子上
所有的門窗都敞開了
驀然他發現自己確實安妥的
坐在廳中的椅子上
並沒有化為
烏有。
（我要以鳥啼的啁啾佈設詩的年輪
像尾魚優游於我的體內
默化為我。）

把所有的門窗都敞開
他走在林中
卻依然虛擬自己坐在廳中的椅子上

這是個什麼樣的場域
一方渦漩著藍色煙霧的空間
旋塑出一個惡質的形體
而不是一朵晶透初放的小花

移開你如刃的目光吧
神佛也不能譴責我
捐棄自己的耳朵鼻子和眼睛
（我要以鳥啼的啁啾佈設詩的年輪
像尾魚優游於我的體內
默化為我。）

鐔子游戲

轉來轉去滾動著
沒有什麼可看
而且誰都做得出來

啊
好大的場子。寬廣無限
中間
僅呆坐著一個　人的軀形
沒有什麼可看

因為
所有觀賞的人都走了
因為

那只是
一
橫陳在場子中間的
空著　肚皮的
罈子。

哈哈
秋天的天空高而亮藍
我已是一條午後無奈的長街
雙目
凝視

蝶之美學

（説與不説，汝
都很美。）　因
豐實的　風
是一方小小的旌，如舌
斜斜的自我心的位置懸出
方向由左不左右不右的方向來
管它弱水不弱水，三千或九千
融雪南行
栽花食花寢　花
造夢而入夢。

說戲

抑或
柳拂風。
此境無人
因你我的本真就是這樣
乃東院西的
西院東
的
屋一間的
床一張的
舞台
一方

的

先吞嚥一碗
裝滿
胃腸
的
午前

風
拂
柳
。

後記：說兩句話

「詩」是什麼？

詩，是語言的藝術。詩，是未知。詩，是意象。詩，是我自療生命中一切不悅的秘密。

什麼是「詩人」？

詩人與閣下一樣，也是凡人。所不同的是詩人終生企圖降服語言，以求建設一個享樂的現實世界，其目的在使「真我」全然顯現於生活之中。因此，詩人就必須與上帝、神佛、樹木、蟲魚、桌椅等互調易位。詩人是創造者。

詩人為求使自己的內在世界呈現，那麼就應面對現實的各個層面，做最誠實的契入。在「無」與「有」的基因上，做最為細密的觀察，而後使自我與天地萬物的生息融合為一。在我來說，也就是以「人」的存在為基點，以超現實的創作手法，把事物的主體溶進客體事物中去，使作品臻至物我合一的境界。

詩人畢生追求的是「真我」。其實也就是追求詩人個人精神的解放。——說穿了也就是在解放中自我過癮。——如果，你讀詩也讀上了癮，這也沒有什麼不妥，大不了開始自己寫「詩」。但必須揚棄一切虛假。

我一向認為「詩」沒有什麼懂不懂的問題。問題是在於讀詩人自己要不要去懂它。首先聲明，我對這個問題，絕沒有嫌讀我詩的朋友們懶於進入我的內心世界。畢竟，我總不能一手翻開詩集，一手握劍吧！

其次，是我寫詩心路歷程中所抱持的，不成章法的十要：

寫詩要受得了貧窮。

寫詩要忍得住寂寞與孤獨。

寫詩要懂得愛情的蓓蕾如何綻放。

寫詩要了解路的秘密隱藏在那個彎處。

寫詩要知悉反身一窺的堂奧。

寫詩要開放自身各部官能，深入感官的世界。

寫詩要先用心，用心裏的眼睛觀察生活中的事物。

寫詩要使語言、形式，獨創一格。

寫詩要瘋要狂。在作品中瘋之狂之。

寫詩要不受任何干擾。寫詩就是寫詩。

這本詩集，是我十年來繼出版「一個心跳的午後」「愛的語碼」與已結集尚待出版的「魔術師之手與花」三本情詩之後的，非情詩的再出發，所結集的詩集「說戲」。可說是我的老店新開。但是，事隔十年，如今酒的純度與香氣如何，尚待方家品嚐，並請諸君指點釀酒的迷津。

最後，感謝我的好友，西安詩人詩評論家沈奇教授，在大雪紛飛的世紀末的寒冬，為「說戲」撰寫評介的宏文。以及，感謝出版界的現代詩詩壇的一位儒善，文史哲出版社主持人彭正雄先生的協助與鼓勵，不然，這本「說戲」的結集稿，只有長年塵封在我孵岩居書屋的書櫃之內了。

附錄：

異質之鳥、之蝶、之魚或菊

——讀碧果詩集《說戲》

沈奇

一個世紀即將落幕。在古長安的現代黃昏裡，驀然收到老碧果寄來的新詩集《說戲》，灰濛濛的北方冬日之薄暮中，便燦然起一抹亮紫的菊影。在這菊影的照拂下，拜讀三日，一首首來回看過讀過琢磨過。悠然落於筆下的這篇文章之題目，竟也是如碧果般「超現實主義」了。當然，不是戲仿，是認真的。

是的，是認真的，因為那個超現實主義的、讓我和張漢良先生（或許還有許多人）「產生鄉愁」的早年碧果，那個依然有些「達達式」的怪味碧果又回來了。

先是這詩集的名字就有些怪。初讀之，曾想碧果何不就叫這部詩集為《異形梯子》或《異質的鳥聲》多好，名符其實。再二三讀後，方解《說戲》之深意。人生如夢，時世如舞台，出將入相、悲歡離合、本我非我、夢幻現實……百年中國一台戲，大概就數碧果之族類體味最深。如今詩化人生，脫身戲外，再回頭看這台戲，頗有些不說不快、欲說還難、愈難愈想說之況味了。最終還是得說，是

「說戲」，不是「演戲」，更不是「戲說」；「說戲」是導演的活，因此戲的真假巧拙，只有導演最清楚。也只有導演最清楚，戲中的人生和現實中的人生為何是兩回事，不像演員演久了，對此常犯迷糊而將「說戲」弄成了「戲說」。舞台在導演這裡永遠只是舞台，他必須清醒這一點，有如只有清醒地深入於現實之中的人，才知道何為超現實一樣。

有意味的是，在碧果的這部《說戲》中，還真有兩首戲劇之詩，一是獨幕詩劇〈我們是被孵育的一個卵〉，一是一景四場之獨幕劇〈原來如此〉。兩齣劇的台詞都很簡單(有如我們的日常生活表象都很簡單一樣)，但若細心結合「劇本」的其他成分去品味，自會發現它們的妙處。一個行走中的中年人，走了一輩子，左顧右盼「四周都是路」，最終突然醒悟「俺就是一條路」——這個人，這句話，從「鏡框式」的「舞台」、「紫色」的「燈光」、「交錯橫懸著的一些白色的布帶子以示為路」的「佈景」和(使人難以消受的)「噪音」之「音樂」中突兀而出，確實有些意味深長。可以說，這是一首表現中年午後之旅中困惑與頓悟的經典之作，我更將其看作碧果詩路與心路歷程的隱喻式小結，那一句「他奶奶的，俺就是路」，不僅是自詡，更帶著幾分自得呵！〈原來如此〉一劇與此有同工異曲之妙，詩中「那人」與那人的「式樣近似袈裟」的「那套衣服」的關係，無疑是全詩的鎖眼。「那套衣服」乃非我之我，是現實中的角色之我，也是夢幻中的角色之我，入夢，出夢，再出而入之，通達無礙，無所謂裸身（本我）著裝（角色），亦幻亦真，天人合一，「而後，他情不自禁的發出一聲快慰的驚嘆聲——啊」，這「啊」的潛台詞，恐還是那一句頓悟之後的大實話「他奶奶的，俺就是路」亦即「我就是我」啊！

起頭先說這兩首劇詩，在於想首先導引出碧果在整部《說戲》詩集中重新確立的創作立場：超現實主義與現代禪意。從政治動物到文化動物到經濟動物，半個世紀的中國，虛擬了多少「交錯」的時代場景，出演了多少非我的歷史角色。無論是「被那屬於私我的殼囚禁著」，還是在時代總體話語的包裹中成為「被孵育著的一個卵」，都激發著詩人超越現實的「皮囊」，尋找「翅的語句」（〈翅的語句〉）以異質之鳥之蝶之魚的美學，「把自己超越在詩之中／熄滅胃的反面意義」（〈把自己超越在詩之中〉這是現代詩的本質所在，而抵達這一本質的路徑因詩人的生命型構與審美型構的不同，決定了其不同的行走的方式。碧果在早年起步時，便義無返顧地加入了超現實主義的行列，最後，仍是碧果，在這個行列中堅持了下來，成為碩果僅存的「孤獨的老狼」(孟樊語)，化角色為本我，建構起真正屬於碧果的「詩的居所」。現在看來，當年加盟超現實主義的詩人，大多是借道而行，一種策略性運作，只有碧果是從生命內裡作了認同而最終成為自己的藝術歸所。其實一位優秀的詩人，並不在於他服膺了哪一種主義，而在於他是否在他認同的這一主義中結了正果，繼承並且有效地發展了它的美學特質。對於超現實主義，碧果有過初期的盲從，而後便進入長久的有方向性的自我挖掘，經由取長避短、外延與內斂，逐步打磨出碧果風的超現實詩學之異質之光。即或在分延及情詩十年的創作中（以《一個心跳的午後》與《愛的語碼》和正待出版的情詩《魔術師之手與花》），也滲透著這異質之光的閃耀，到了《說戲》一集中，又加入了現代禪意的整合，並增強戲劇性、寓言性的表現，冶為一爐，終使一度絕版的超現實主義之碧果，再度令詩壇刮目而視，重新領略其獨具一格的修辭方式和意象系統。

現代詩的實現首先是語言的實現，改變語言慣性就是改變一種生存以及思維慣性而導引出新的意識，打開新的精神空間，逃脫總體話語對人的囚禁與馴化，這是現代詩的本根，更是超現實詩學的出發點，正是在這一點上，碧果顯示了他不同凡響的才華。如果說早年碧果在語言的追求上，還有刻意或生澀之處，《說戲》中的碧果，則已達隨心所欲之境了。這是一位無須標明作者名號就可一眼辨識其作品之語言特色的詩人，其原創性的修辭方式，既是對閱的挑戰，也是難得的激活。讀碧果的詩，一字也不敢疏忽，且要前思後想，上掛下聯，語字的排列中處處有機鋒隱藏，連同其空格空行都不乏心機的埋伏。尤其是大量的跨跳、留白或分延，運用得很特別，初讀有些彆扭，讀進去了，弄明白了，又覺別有情趣。

像「我們一勺一勺的食著／那碗粥／也一勺一勺食著我們」（〈茶樓食過我們食過茶樓〉）若將詩句中的「那碗粥」，先作前一句的賓語用一次，再作下一句的主語用一次（詩題中的「我們」也當如此看待），意思就更豐富也更深入了。再譬如「秋天的天空高而亮藍／我已是一條午後無奈的長街／雙目／／凝視」（〈鐔子遊戲〉），「凝視」與「雙目」之間空了一行，且單獨成一節並就此作結尾，好像這「凝視」已不是上節「雙目」發出的，憑空孤獨在全詩的結尾處，而「凝視」什麼，也不說了，戛然而止，讓讀者續說去。其實不續說也罷，我們不是常常要不為什麼地去凝視什麼嗎？那一種空茫感以及錯位感以及空茫與錯位中的荒誕感，尤其是置身這種荒誕中的懸疑狀和失語狀，不正是現代人最本質的生存感受嗎？而這，正是一部《說戲》的主題所在，圍繞這主題展開的修辭方式，無不在加強著這一主題的深化。我曾在《藍調碧果》的評文中，指認早期碧果的大部分作品，「有如說是表現了某種特別的『表現形式』，不如說是表現了一種強烈的『不可表現感』。」並認為其實驗性的詩歌文本，「負載的不是要表現什麼，而是可能會表現什麼。」（載《創世紀》總一〇三期）現在看來，這一指認既是中肯的，又是偏頗的，偏頗在於將碧果的形式實驗僅看作是「形式」的，是「過渡」而非目的。其實就超現實詩學而言，形式就是目的，就是品質。碧果咬定超現實不放鬆，縱有十年情詩之分延，回頭還是「原形畢露」，出發便是歸宿，只是略有生澀與純熟之別而已。當年被視為耍怪或遊戲的修辭方式，如今成為與題旨和諧共生的修辭風格。詞性的轉品變性，詞格的互換易位，虛實、巧拙、奇正、顯隱以及跨跳、留白、複沓、頂真等等，都已不再是修辭本身，而成為自覺的詩性話語方式，成為詩之思的肉身與魂靈。

重新領略碧果的超現實風骨，除明顯不同於他人的修辭風格之外，還須把握其已成體系的意象特徵。至《說戲》一集的創作主體，似已「幻化為風兒的手指」（〈驚晤〉）或「液狀般地飄移、糾扭了」（〈人境之菊〉），在這種幻化、飄移與糾扭中，物與人、鏡與像、我與非我、角色與本真，都時時處於移形換位，互參互證之中，不可明辨。但潛心研讀之下，還是可以抓住一些貫穿整部詩集的核心意象，如「鳥」，「一方受驚了的天空／滿盈的是鳥飛中的翅翼／是潮來潮去的方向」（〈詩的居所〉）；如「魚」，「一尾可能不被抽象的　魚／體膚完好地／／優游而去」（〈存在主義與魚〉）；如「蝶」，「雙蝶飛舞而成　禪」（〈春想〉）；如「菊」，「夢　在一朵正綻放中的菊花裡活著」（〈人境之菊〉）；如「鏡」，「因左右始終把時間貯藏在一面鏡中」（〈鏡的自辯錄〉）；如「風」，「風追捕自己而成為　風／我們就是那風的樣相／捕食流質的自己。」（〈把自己超越在詩中〉）；以及「舞台」，「舞台上僅留你我的眼耳鼻口與手足」（〈哲學魚〉）等。這些核心意象，有的作為非我、欲念之我亦即社會人的代碼，與現實情景同構；有的作為幻我、嬗變之我亦即審美人的代碼，與超現實情景同構；有的作為本我、禪悟之我亦即宗教人的代碼，與自然情景同構。把握了這一綫路，就不會被碧果繁複多變的敘事主體和交叉視域所迷惑。當然，這樣的歸納也不免牽強，實則在碧果式的超現實詩界裡，上述核心意象都非固定的角色代碼，同樣處於不斷的飄移與糾扭之中，鳥即蝶蝶即魚魚即菊菊即鳥，本我幻我非我，造夢入夢出夢，互動間離疊加，形成多向度的讀解空間，盡可自由出入，隨意認領，以此生發無可限定的象外之象、景外之景、韻外之致、意外之意，而深得超現實詩學的奧義與妙趣。

如此說來，便沾著禪意了。「由超現實主義入禪」（孟樊語），乃碧果詩歌的又一妙處，並因此將碧果式的禪味與周夢蝶式的禪味區別了開來。夢蝶先生的禪可謂是古典禪意的現代重構，立足在傳統，修一己之善果；碧果的禪可謂是現代意識的古典禪化，立足在現代，糾纏著一世界的煩憂和思考。夢蝶的禪清，碧果的禪就不免有些濁；夢蝶的禪是對現實的一種超脫，碧果的禪則是對現實的一種深入，是以濁、有煙火氣，有質疑與批判的鋒芒閃爍其中。《說戲》開篇第一首小詩〈看見〉，就是碧果式禪意的代表作，看似空靈，其實負載得很多，是一種讓你沉下去而非飄起來的禪意，重在禪之非理性、非邏輯、破規範、隨機緣的表現方式，只求機鋒而無所謂抵達寂照圓融的境地，可謂現代禪詩的另一「功法」。

比起禪意來說，我更看重碧果近作中的寓言意味，它和戲劇性一起，相輔相成為《說戲》中最讓人心儀的韻緻。在這部詩集中，幾乎所有的意象都帶有戲劇因子，在寓言性的敘事中扮演各類角色，加上虛擬的情節，寫實的場景，看似沒來由實則有來由的插話、旁白、通外音等，讀來有聲有色、似真似幻，引人入勝而又發人深思。像〈異形梯子〉一詩，就直接上演了一寓言性的荒誕劇：斜斜的一張空梯子依著屋簷戳在那裡，之後有人往上攀成春夏秋冬的模樣，這是場景和情節。接著插入通外音，「唔／早已不能自我於梯體與自身了／而蕎麥田是蕎麥田／而狗尾草是狗尾草／河　也依然是河／井　也依然是　井／他　卻精緻而高雅地活著」（這裡的「精緻」和「高雅」二詞用得也極精妙），下來劇情突轉，如此「精緻而高雅地活著」的那人，最終卻活成了那張梯子，而梯子也已然活為一棵花果繁茂的樹了。最後是作者（導演？）作結語：此刻他始才知曉，人為何把自己也能蛻變為梯子！典型的戲劇情節，典型的寓言性敘事，人與梯子一旦糾纏不清，梯子亦非梯子人亦非人了——至於那張梯子喻指何意，欲望乎？事業乎？烏托邦乎？或因欲望與事業與烏托邦所需而扮演的各種角色乎？全留給讀者自己去推想了。可明確的只有一點：異化的主題以及對這主題的戲劇性和寓言化的表現。

如此解讀下來，便有了一個新的碧果：依然是那個超現實主義的「碧果人生」

（碧果早期詩集名），卻多了一份老道與自信：「錯誤乃我們生不為松為柏／而是落葉喬木的樹種／（其實，落不落葉均很風雅）」（〈一株超現實主義的樹種〉）近半個世紀過去，這位台灣前行代詩人中的異數之異數，所發出的「魚言」、「蝶語」、「鳥聲」，越發不好「歸類」了（〈對鳥說〉）。唯一可以看清楚的是他一貫前傾不斷探索的創造態勢，這態勢讓人相信，當大多數台灣前行代詩人已然作為歷史的深刻記憶留在了二十世紀的暮色中時，老而不老的碧果，或將再度活躍於新世紀的曙光之中？

當然，需要再度提醒詩人的是：傾心創造語言的人，也常易為語言所閹割，因辭害意的陰影，依然是碧果詩中揮之不去的困擾，尤其是那種與當下漢語世界相牴牾而生隔膜的文言語氣和由此而生的士大夫味道，恐怕是有違新世紀的閱讀期待的。由此我常想，以現在的超現實主義之碧果，若換一種更貼近時代活話語的言說語碼，又該是怎樣一番更新的天地呢？

是呵，「僅只是這樣——
我們應該知道自己的重量」
（〈把自己超越在詩之中〉）

二〇〇〇、十二、十二
西安雪後大晴

國家圖書館出版品預行編目資料

說戲 / 碧果著. -- 初版. -- 臺北市：文史哲, 民 90
面： 公分.--（文學叢刊；114）
ISBN 957-549-346-x(平裝)

851.486 90002237

文 學 叢 刊 ⑭

說 戲

著　　者：碧　　果
出 版 者：文 史 哲 出 版 社
登記證字號：行政院新聞局版臺業字五三三七號
發 行 人：彭　正　雄
發 行 所：文 史 哲 出 版 社
印 刷 者：文 史 哲 出 版 社
臺北市羅斯福路一段七十二巷四號
郵政劃撥帳號：一六一八〇一七五
電話 886-2-23511028・傳真 886-2-23965656

實價新臺幣一八〇元

中 華 民 國 九 十 年 二 月 初 版

ISBN 957-549-346-x